Philippine Heering
Fetze Pijlman

Der Haubentaucher

Stalling

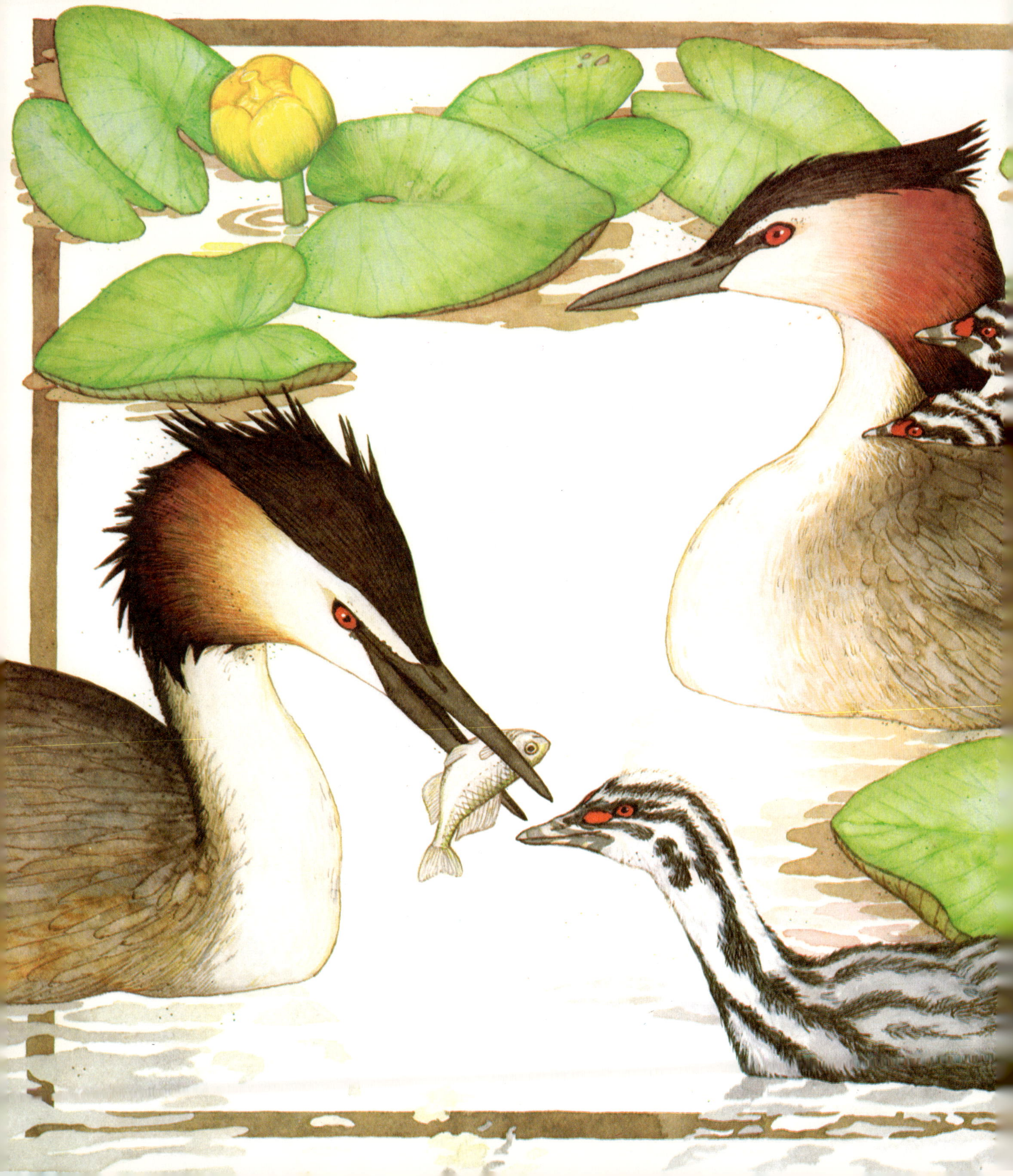

Es weht. Mitten auf dem kleinen See sind richtige Wellen. Und zwischen dem Schilf schwingt das Wasser leicht mit. Kleine Haubentaucher mögen keinen Wind. Sie sehen aus wie Wattebäuschchen. Der Wind kann sie ganz leicht davonpusten. Darum versuchen sie, irgendwo hinaufzuklettern. Am liebsten auf den Rücken von Vater oder Mutter. Piepsend drücken sie sich an Mutter Haubentaucher. Von der Seite ist es jedoch viel zu hoch. Hinten fällt der Rücken der Mutter flach ab. Dort gelingt es. Zwischen den Flügeln ist es sicher und warm. Die Mutter schwimmt vor den Wellen davon.

Dort wo ein Graben beginnt, ist das Wasser ruhig. Es blühen Wasserrosen und summen Mücken. Das älteste der Jungen läßt sich ins Wasser gleiten. Vater taucht nach oben. Er hat eine kleine Plötze gefangen.

Die jungen Haubentaucher sehen noch nicht viel. Manchmal schwimmen sie einem treibenden Schilfballen hinterher und halten diesen für ihre Mutter. Mutter behält alles scharf im Auge. Ein Windstoß bewegt das Schilf. Oder ist es etwas anderes?
Das beunruhigt sie. Sie piekt mit dem Schnabel in ihren Flügel. Eine kleine lose Feder hält sie in ihrem Schnabel. Piepsend kommen die Jungen auf sie zu.

Etwas zu fressen, denken sie. Das schnellste Junge schluckt die Feder mit Mühe hinunter. Solche harten Gegenstände sind gut für seinen Magen. Sie schwimmen am Schilf entlang und fangen Insekten. Auf einmal tobt es im Schilf. Mutter stößt einen schrillen Warnschrei aus. Die Jungen eilen herbei.
Das Wiesel hat aber bereits eines gepackt. Es flüchtet mit einem Jungen in seinem Maul.

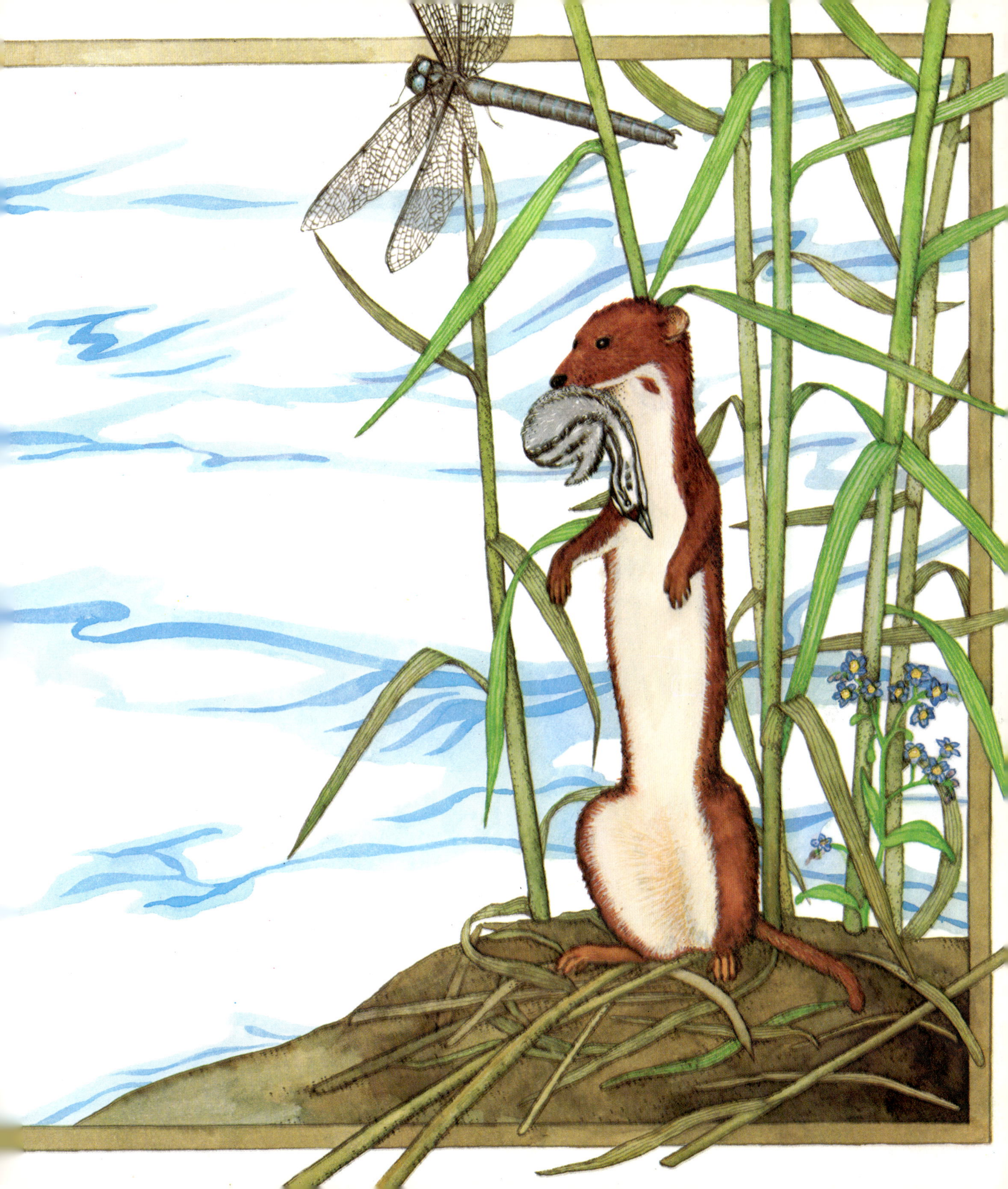

Die jungen Haubentaucher wachsen schnell heran. Von allen dreien wächst der älteste am schnellsten. Er ist auch immer als erster zur Stelle, wenn es etwas zu fressen gibt.
Das Tauchen fällt ihm noch schwer. Zuerst gelingt es überhaupt nicht, wieviel Mühe er sich auch gibt. Nur sein Kopf kommt unter Wasser. Langsam lernt er, daß er die Federn gegen seinen Körper pressen muß. Dann weicht die Luft heraus. Er zappelt und will ganz tief tauchen. Jedoch nach einem halben Meter schießt er genauso schnell wieder nach oben. Er übt und übt. Immer länger kann er unter Wasser bleiben, und immer einfacher geht es.
Nun fängt er ganz leicht eine Plötze.

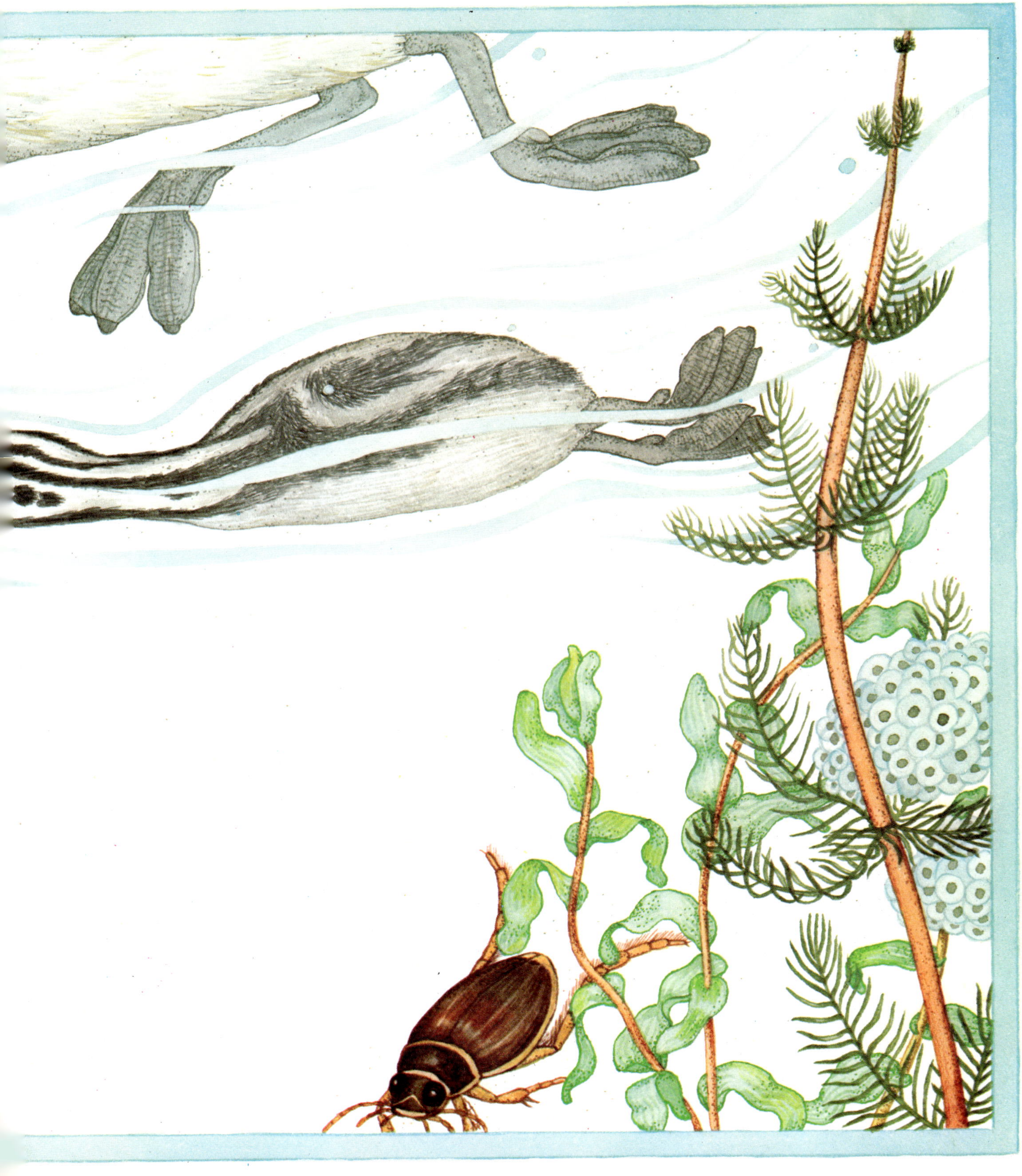

Der Haubentaucher geht nun seinen eigenen Weg. Gelegentlich bekommt er noch einen Fisch von Mutter oder Vater. Wenn er zu betteln beginnt, jagen sie ihn davon.

Sie haben keine Zeit mehr für ihn und die anderen jungen Haubentaucher. Im Nest sind drei neue Junge ausgeschlüpft. Drei Schnäbel, die um Fressen betteln.

Der Herbst kommt mit Regen. Der Haubentaucher ist beinahe erwachsen. Er bekommt schon einen kleinen Kragen um den Hals. Und Sorgen hat er auch. Insekten gibt es kaum.

Die jungen Fische sind groß oder bereits aufgefressen. Es liegt Schnee in der Luft. Der Haubentaucher will hier weg, bevor das Wasser zugefroren ist.

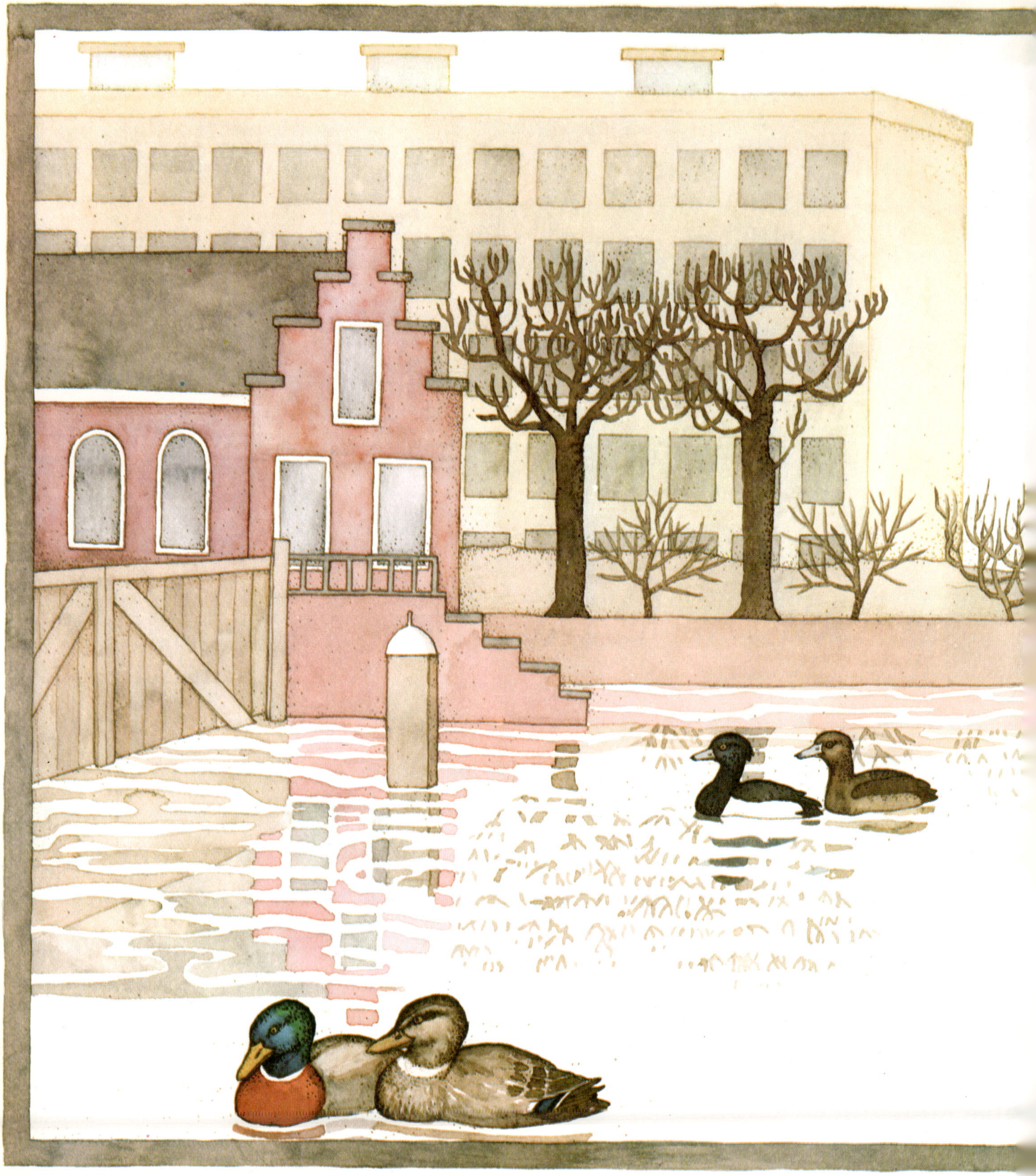

Die Haubentaucher von dem See versammeln sich, um fortzuziehen. Sie wollen zur Küste. Es beginnt zu frieren. Sie suchen offenes Wasser. Nahe einer Schleuse zum Meer ist das Wasser noch nicht zugefroren.
Der Haubentaucher fällt ein. Andere Haubentaucher fliegen weiter.

Wildenten, Reiher- und Tafelenten: Sie alle teilen sich dies Stückchen Wasser. Es ist ein kleines hungriges Volk, denn es gibt beinahe nichts zu fressen. Es gibt keine Streitigkeiten. Jedes Tier bewegt sich so wenig wie möglich. Sonst würde es sein Fett aufzehren. Und Fett haben sie alle nötig gegen die starke Kälte.

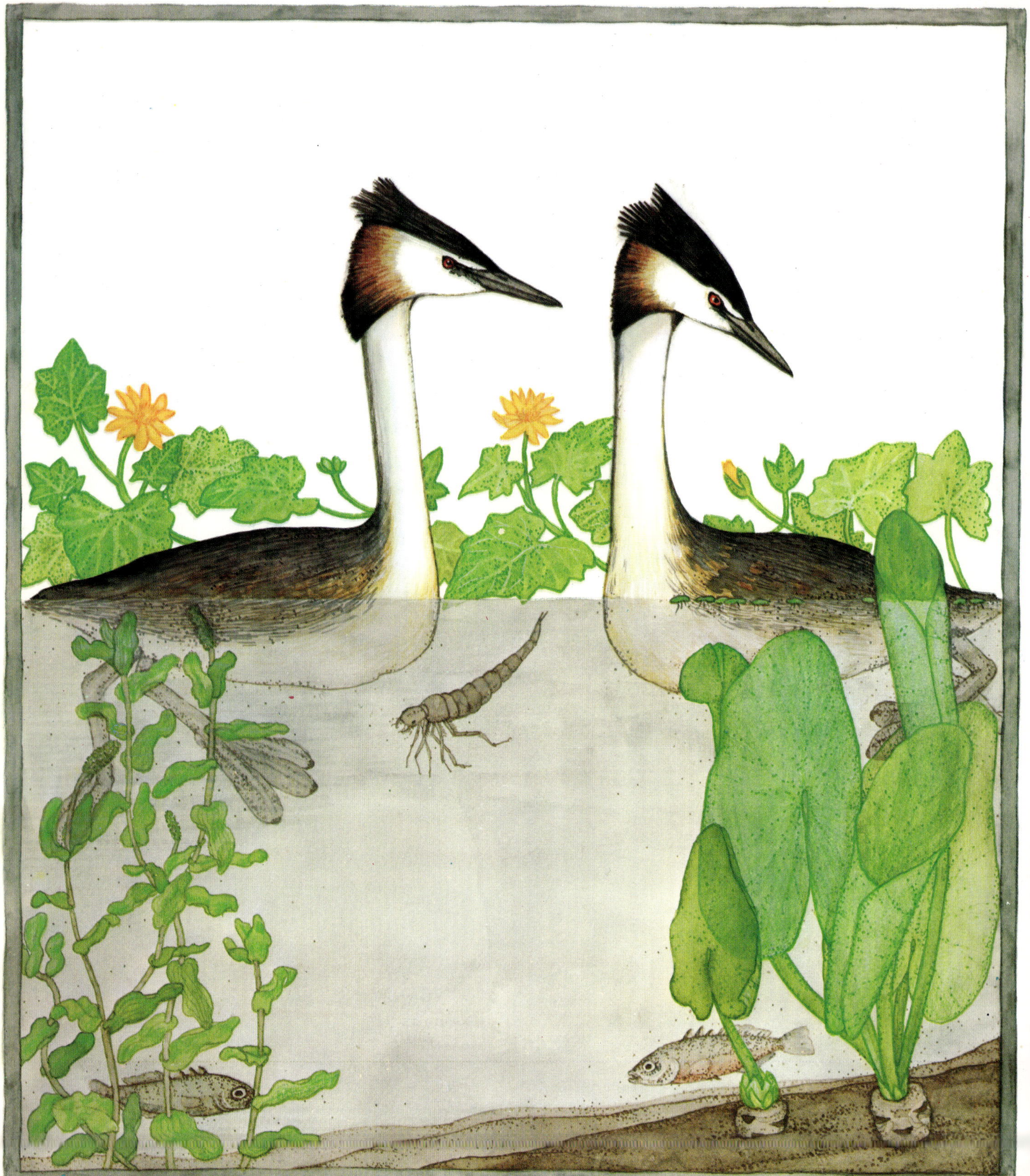

Die Sonne scheint auf die Wellen des Sees. Im jungen Schilf blüht bereits Scharbockskraut.

Die Haubentaucher sind zurückgekehrt. Der Winter war wie ein böser Traum. Sie sind völlig ausgehungert. Auch der junge Haubentaucher ist dabei. Er kann bereits blitzschnell tauchen. Er ist hinter Stichlingen und Aalen her.

Wenn er sich einmal richtig vollgefressen hat, nimmt er sich die Zeit, um sich schönzumachen. Mit dem Schnabel piekt er das Ungeziefer aus seinen Federn. Dann purzelt er vornüber und läßt das Wasser über seinen Rücken fließen. Der Kragen um seinen Hals wird immer hübscher. Er wächst langsam zu einer echten großen Halskrause heran. Auf dem Kopf entwickelt sich eine prächtige Haube. Der Haubentaucher fühlt die Sonne auf seinen Federn. Er ist so stolz auf sein Federkleid, daß er es den anderen Haubentauchern zeigt.

Mit gestrecktem Hals schwimmt er umher. Ohne das Wasser aufzuwühlen, taucht er unter. Als er wieder hoch kommt, sieht er ein Haubentaucher-Mädchen. Sie sieht aus wie aus Silber, so glitzern ihre Federn in der Sonne.

Die könnte ihm schon gefallen.

Er schwimmt ganz in ihrer Nähe vorbei. Vor Aufregung plustert sich seine Haube. Als er wieder vorbeischwimmt, schüttelt er aus Spaß den Kopf. Sie tut es auch. »Kroak!« ruft er. Sie ruft zurück. Dies ist ein Spiel. Immer wieder schwimmen sie aneinander vorbei und schütteln mit dem Kopf.
Dann kommt er direkt auf sie zu. Sie weicht ihm nicht aus, sondern gibt ihm einen Schubs. Er drückt zurück. Immer höher steigen sie aus dem Wasser. Sie schnellen aufeinander zu und drücken sich gegenseitig aus dem Wasser.
Manchmal machen sie eine Pause. Danach beginnt das Spiel von neuem. Hin und wieder spielen sie es ein bißchen anders.

Sie verlieben sich ineinander und wollen sich auch einmal von hinten fühlen. Das geht nicht im Wasser. Darum bauen sie mit Stengeln und Blättern eine kleine Insel. Das Spiel geht weiter. Auch das Bauen gehört dazu.
Als die Insel fertig ist, beginnt das Spiel von vorn. Erst mit dem Kopf schütteln, dann sich gegenseitig anstoßen. Darauf klettern sie auf die Insel. Sie legt sich darauf. Und während sie fühlen, wie warm und weich es zusammen ist, macht er seinen schönsten Tanz. Sie finden es so schön, daß sie nicht aufhören können. Er schüttelt sich und tanzt auf dem Wasser, und sie sitzt auf der Insel und schaut zu.

Aus der Insel machen sie eine sichere Brutstelle. Ein sumpfiges Bett mit einem Rand. Auch der Umkreis gehört ihnen, dort hat keiner etwas zu suchen. Wenn das Weibchen müde und schwer wird, setzt es sich auf das Nest und legt vier weiße Eier. Sein Bauch mit den weichen Federn hält die Eier warm. Stunde um Stunde sitzt es und brütet.

Aber dann hat das Weibchen genug davon. Der Haubentaucher kommt, um seine Frau abzulösen. Nun kann sie sich etwas zu fressen suchen.

Sie muß auch dafür sorgen, daß niemand in ihre Ecke eindringt.

Die Ente schwimmt mit ihren Jungen umher. Das Wasserhuhn brütet. Der Frosch quakt. Er sucht ein Weibchen, um zu heiraten.

Und inzwischen wachsen die jungen Haubentaucher in ihren Eiern heran. Die Sumpfpflanzen im Nest faulen ein bißchen. Die Eier liegen darin noch sicherer. Sie bekommen immer mehr die Farbe des Nestes.

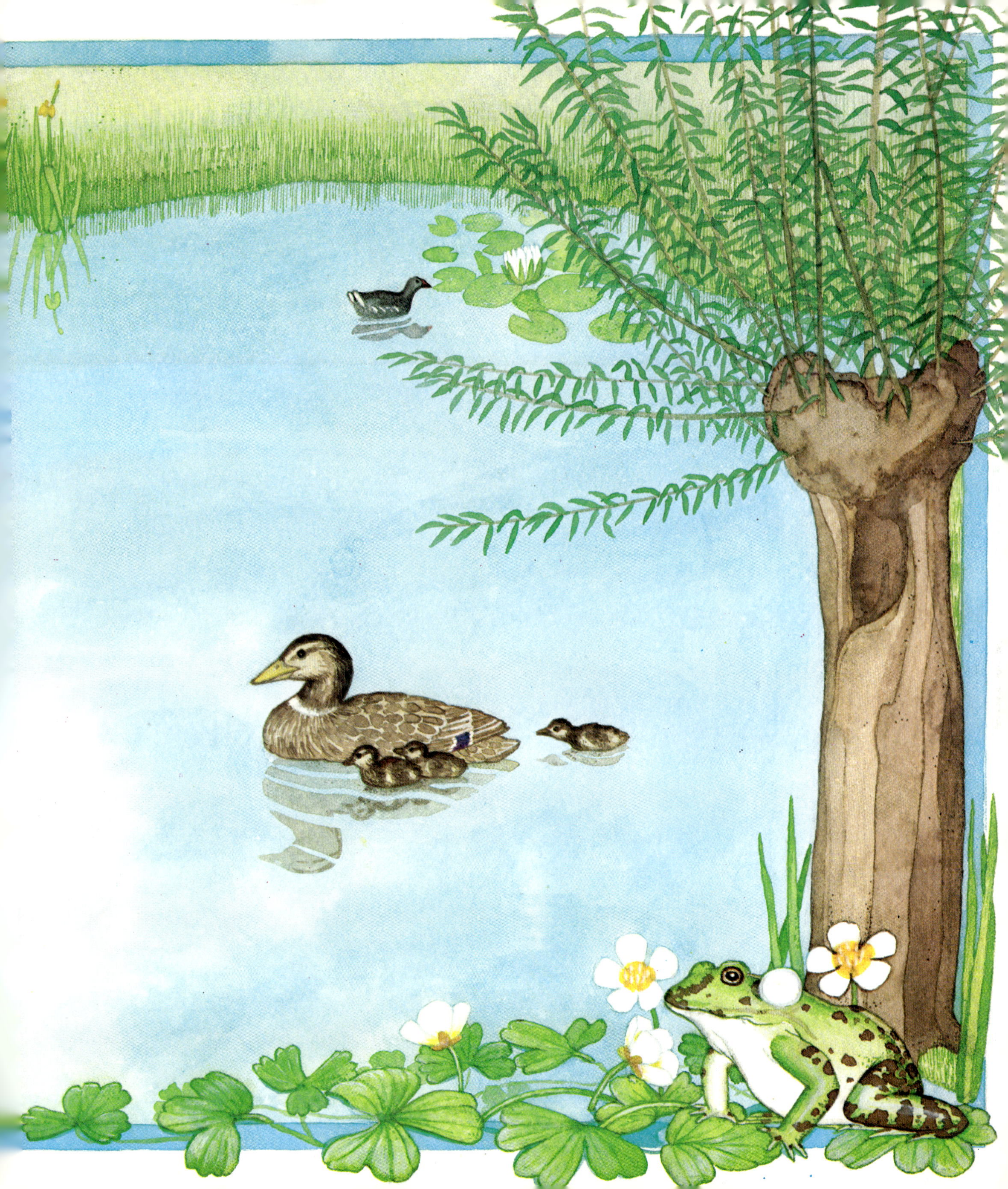

Während der Haubentaucher brütet, hört er plötzlich Menschen kommen. Schnell zieht er etwas Schilf vom Rand über die Eier und gleitet ins Wasser. Mit seinem Schnabel macht er das Nest so unauffällig wie möglich. Dann taucht er unter. In sicherer Entfernung kommt er wieder hoch. Aber nur mit dem Kopf.

Die Spaziergänger sind bei dem Nest. Nun tut der Haubentaucher so, als ginge ihn das gar nichts an. Er schwimmt und piekt etwas in seinen Federn.

Die Spaziergänger gehen an dem Nest vorbei. Er behält sie scharf im Auge. Als die Gefahr überstanden ist, macht er sogar noch einen Umweg, um zum Nest zurückzukehren.

Die vierwöchige Brutzeit ist beinahe um. In den Eiern hat das Leben bereits begonnen. Man kann es hören. Ein leises Klopfen.
Dann fühlt Mutter Haubentaucher an ihrem Bauch das Klopfen aus einem Ei. Sofort steht sie auf, um nachzusehen. Eine kleine Beule ist in dem Ei. Innen wird es wieder ruhig. Sie setzt sich wieder, denn die anderen Eier müssen warm bleiben.
Nach Stunden des Brütens scheint es wirklich zu klappen. Ein Stückchen Schale hat sich gelöst. Der kleine Riß platzt weiter auf.
Das Köpfchen kommt hervor. Der klebrige kleine Körper löst sich von der Schale.
Mutter beginnt, die Reste wegzuräumen. Auch Nummer zwei hat eine Beule im Ei.

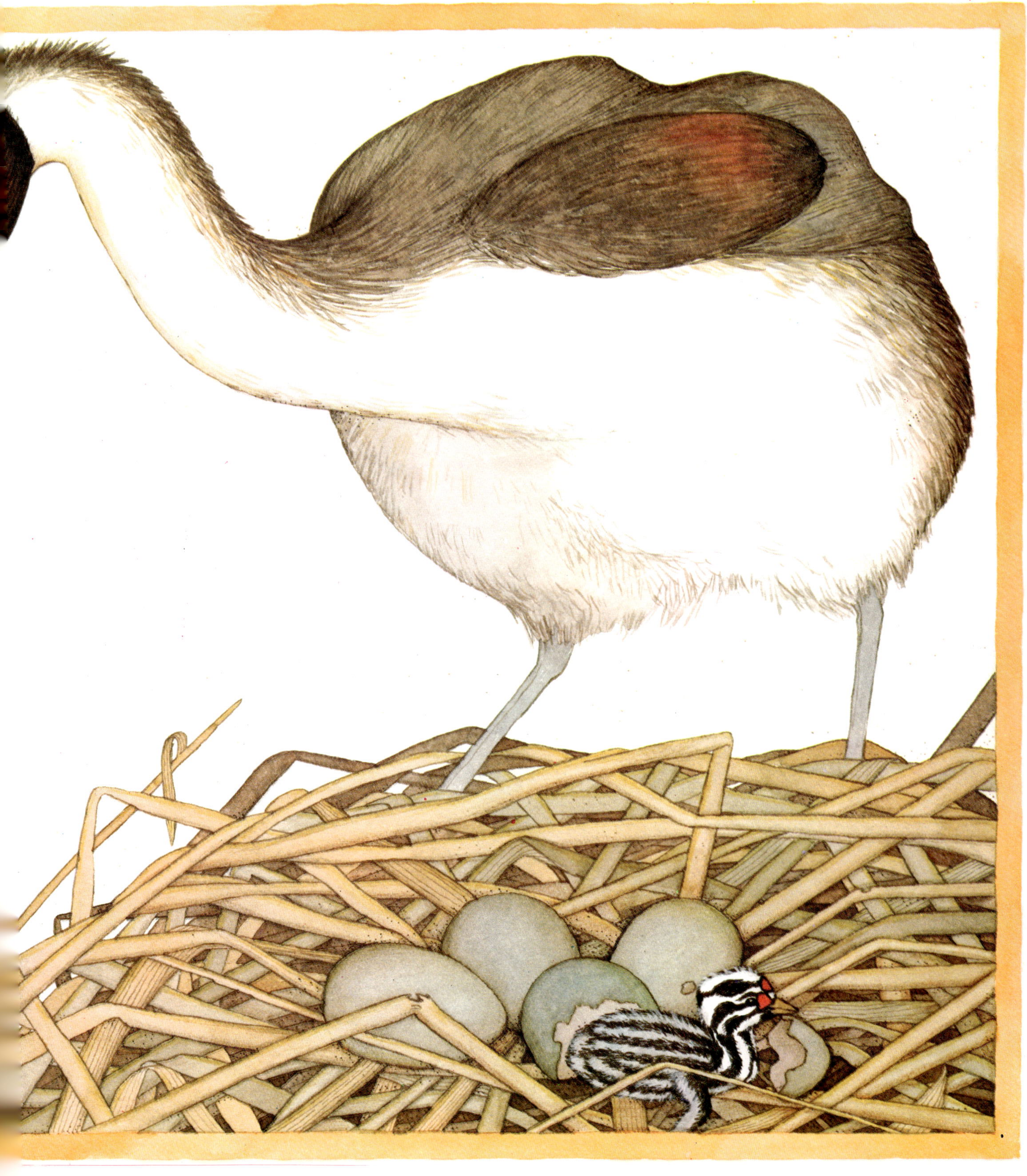

Mutter ist mit dem Jungen ein kleines Stück geschwommen. Vater Haubentaucher brütet weiter und guckt ab und zu nach, wie Nummer zwei vorankommt.
Überraschend schnell versteht er es, sich von seiner Eischale zu befreien. Vom Rand des Nestes versucht er, auf den Rücken des Vaters zu klettern. Seine Federn trocknen bereits in der Sonne. Als er schließlich oben sitzt, ruht er sich etwas aus.
Plötzlich kommt eine Ratte.

Vater, der gerade ein Nickerchen machte, schreckt auf. Mit einem Ruck streckt er der Ratte drohend seinen Kopf entgegen. Seine Halskrause sträubt sich. Der kleine Haubentaucher kann sich jedoch nirgends festhalten und purzelt ins Wasser.

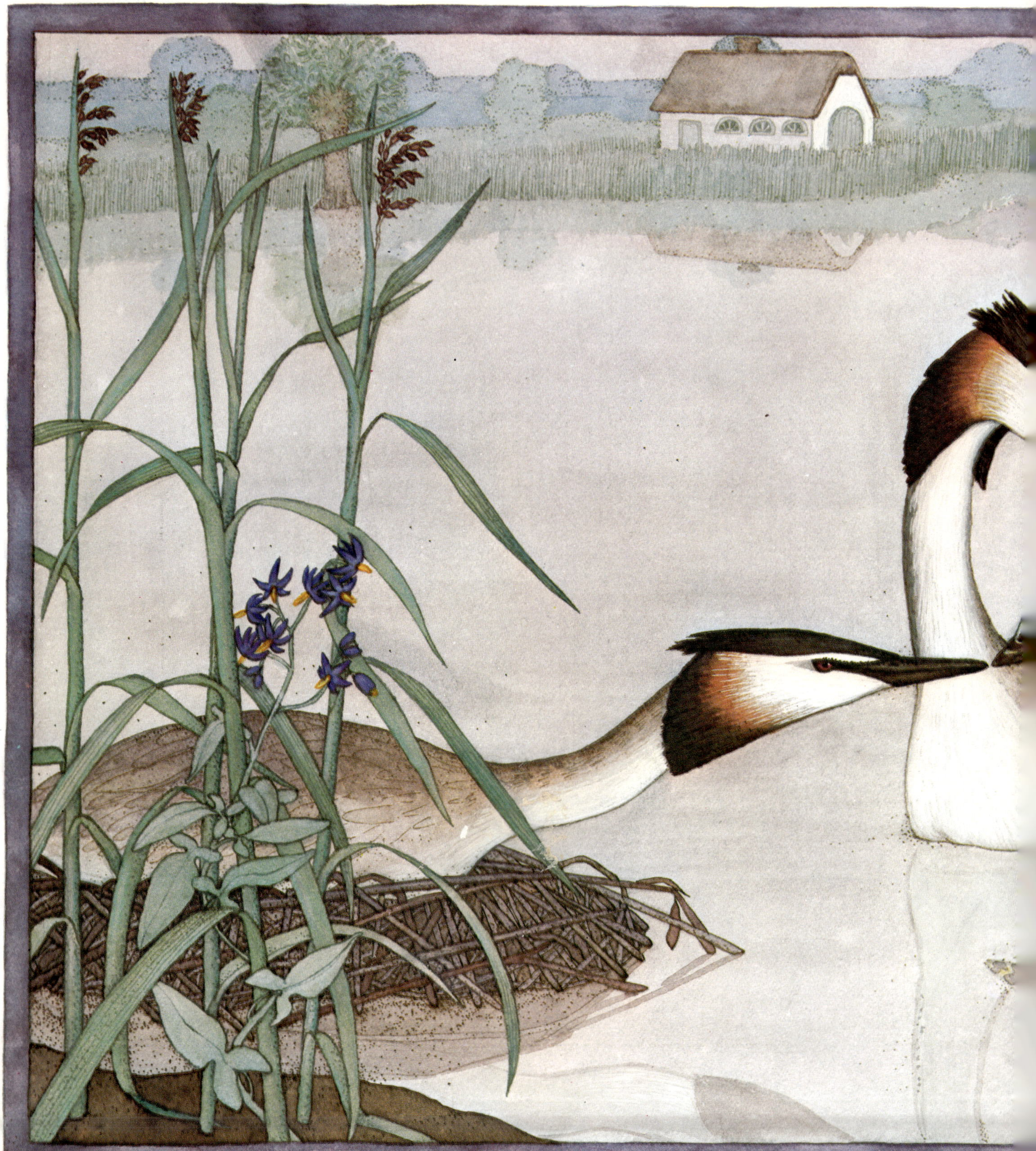

Der Haubentaucher kann nichts tun. Er muß brüten und ruft um Hilfe.
Das Junge piepst. Seine Federn sind noch nicht trocken genug, um es über Wasser zu halten. Durch die Hilferufe gewarnt, eilt Mutter Haubentaucher mit rasender Geschwindigkeit herbei. Sie sieht ein Wollknäulchen treiben. Sie taucht und kommt genau unterhalb des Jungen wieder nach oben. Nun hat sie zwei Haubentaucher zwischen ihren Flügeln.
Die Haubentaucher gucken, ob das Junge nicht verletzt ist. Es piept. Es denkt, daß es von diesen Schnäbeln etwas zu fressen bekommt. Somit ist alles in Ordnung.

Die Sonne ist untergetaucht, und der Mond ist aufgegangen. Es ist ruhig auf dem See, aber nicht still. Frösche quaken um die Wette. Hier und dort streiten sich Enten. Nummer drei hat sich angekündigt, läßt aber lange auf sich warten. Die ganze Nacht sind die Haubentaucher vollauf mit ihm beschäftigt.
Das Kleine kann einfach nicht durch seine Eischale hindurchkommen.

Erst als der Mond beinahe wieder untergeht, befreit es sich von der Schale. Auf Mutters Rücken schläft es ein. Der Haubentaucher paddelt in der Dunkelheit ein bißchen umher. Er fängt, was ihm vor den Schnabel kommt. Einen Wasserkäfer oder eine Libelle. Dies bringt er den Jungen. Er ist müde. Er steckt seinen Schnabel zwischen seine Federn und schläft ein.

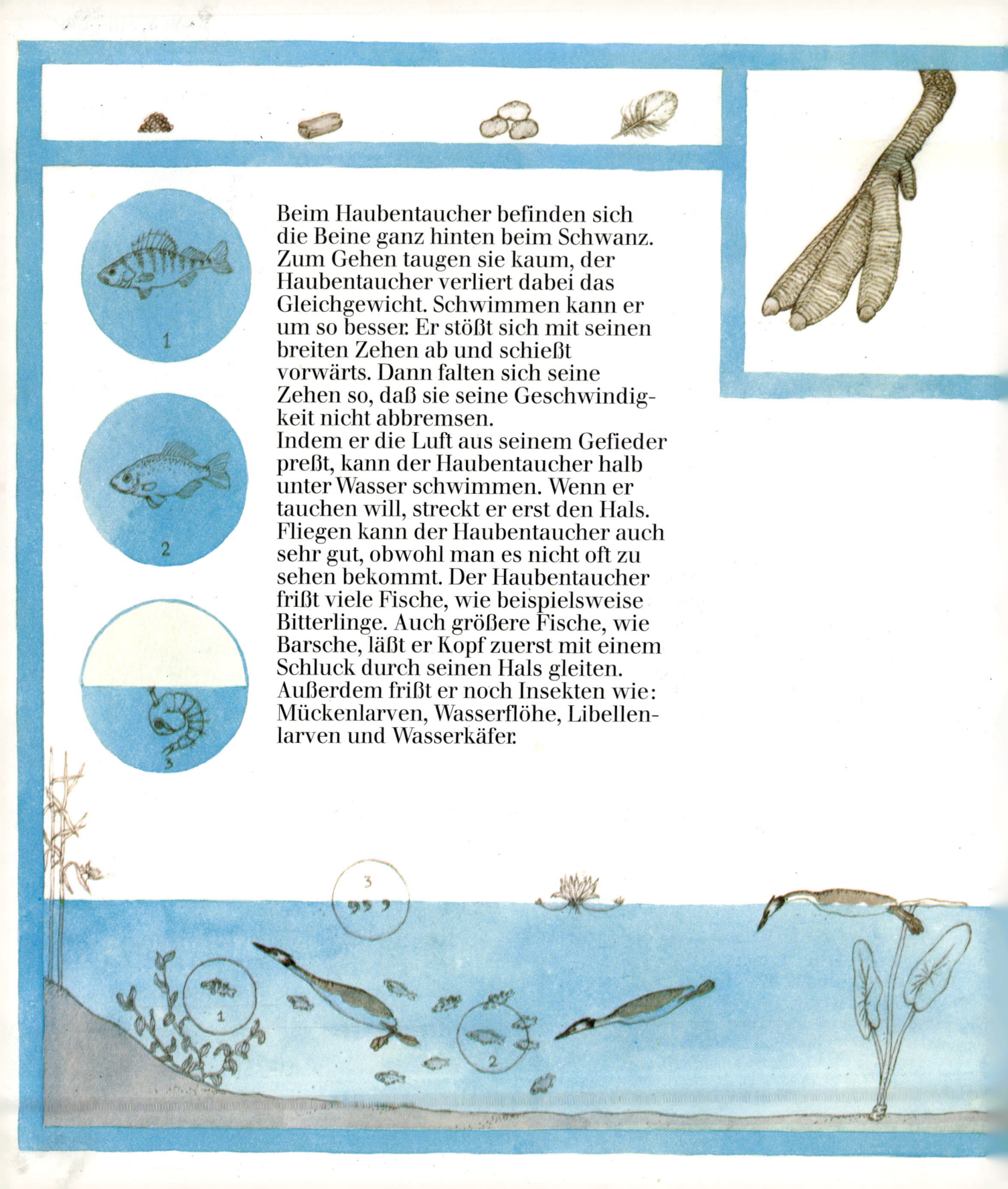

Beim Haubentaucher befinden sich die Beine ganz hinten beim Schwanz. Zum Gehen taugen sie kaum, der Haubentaucher verliert dabei das Gleichgewicht. Schwimmen kann er um so besser. Er stößt sich mit seinen breiten Zehen ab und schießt vorwärts. Dann falten sich seine Zehen so, daß sie seine Geschwindigkeit nicht abbremsen.
Indem er die Luft aus seinem Gefieder preßt, kann der Haubentaucher halb unter Wasser schwimmen. Wenn er tauchen will, streckt er erst den Hals. Fliegen kann der Haubentaucher auch sehr gut, obwohl man es nicht oft zu sehen bekommt. Der Haubentaucher frißt viele Fische, wie beispielsweise Bitterlinge. Auch größere Fische, wie Barsche, läßt er Kopf zuerst mit einem Schluck durch seinen Hals gleiten. Außerdem frißt er noch Insekten wie: Mückenlarven, Wasserflöhe, Libellenlarven und Wasserkäfer.